AF151126

BEI GRIN MACHT SICH IHR
WISSEN BEZAHLT

- Wir veröffentlichen Ihre Hausarbeit,
  Bachelor- und Masterarbeit

- Ihr eigenes eBook und Buch -
  weltweit in allen wichtigen Shops

- Verdienen Sie an jedem Verkauf

Jetzt bei www.GRIN.com hochladen
und kostenlos publizieren

Bibliografische Information der Deutschen Nationalbibliothek:

Die Deutsche Bibliothek verzeichnet diese Publikation in der Deutschen National-
bibliografie; detaillierte bibliografische Daten sind im Internet über http://dnb.d-
nb.de/ abrufbar.

Impressum:

Copyright © 2016 GRIN Verlag
Druck und Bindung: Books on Demand GmbH, Norderstedt Germany
ISBN: 9783668612624

Dieses Buch bei GRIN:

https://www.grin.com/document/387316

Julius Richert

Eine Vorstellung des Bachelorstudiengangs "Angewand-
te Informatik"

GRIN Verlag

GRIN - Your knowledge has value

Der GRIN Verlag publiziert seit 1998 wissenschaftliche Arbeiten von Studenten, Hochschullehrern und anderen Akademikern als eBook und gedrucktes Buch. Die Verlagswebsite www.grin.com ist die ideale Plattform zur Veröffentlichung von Hausarbeiten, Abschlussarbeiten, wissenschaftlichen Aufsätzen, Dissertationen und Fachbüchern.

Besuchen Sie uns im Internet:

http://www.grin.com/

http://www.facebook.com/grincom

http://www.twitter.com/grin_com

1.Inhaltsverzeichnis

2. Wissenschaftliche Fragestellungen

Wieso ist gerade jetzt der richtige Zeitpunkt Angewandte Informatik zu studieren?

Wie finanziere ich mein Studium?

Worin unterscheidet sich die Angewandte Informatik von anderen Teilgebieten der Informatik?

Wie kann ich mich während des Studiums spezialisieren?

Welche Berufsaussichten gibt es?

3. Einleitung

In dieser Belegarbeit werde ich den Bachelorstudiengang „Angewandte Informatik" näher vorstellen. Unter der angewandten Informatik versteht man die Kombination der "[...] Wissenschaft von der systematischen Darstellung, Speicherung, Verarbeitung und Übertragung von Informationen, besonders der automatischen Verarbeitung mit Hilfe von Digitalrechnern (Computern)."[1] mit anderen Wissenschaften sowie mit konkreten praktischen Vorhaben.

3.1 Die Wissenschaft der Informatik

Um zu verstehen, wie die Informatik unser Leben vereinfachen kann müssen wir einerseits einen Blick auf die einzelnen Teilgebiete werfen. Die Informatik gliedert sich in die Theoretische, die Technische, die Praktische und die Angewandte Informatik. Die Theoretische Informatik befasst sich mit den mathematischen Hintergründen der Datenverarbeitung, sowie mit grundlegenden Arbeitsprinzipien. Die konkrete Realisierung mit elektrotechnischen Bauelementen wird in der technischen Informatik erklärt. Die praktische Informatik formuliert Methoden um Programmsysteme zu erstellen.[2] Das letzte Teilgebiet, das Thema dieser Belegarbeit, ist die Angewandte Informatik. Sie ist sozusagen die Spitze des Eisbergs, da wir mit ihr im täglichen Leben in Kontakt treten. In den letzten Jahren gewann sie enorm an Bedeutung: intelligentes und effizientes Wohnen, **Industrie 4.0, CAx**, usw. Diese Entwicklungen sind noch nicht am Ende und werden auch in Zukunft weitere Fachkräfte brauchen um zur Vollendung zu kommen. Der Studiengang bietet also viele Perspektiven und ist in einer Welt voller Automatisierung und Effizienz unabkömmlich.

3.2 Persönlicher Bezug

Mein Interesse zur Informatik habe ich schon zeitig entdeckt, seitdem habe ich mich in meiner Freizeit selbst weiter gebildet. Letztes Jahr hatte ich die Chance an der Hochschule Neubrandenburg ein Juniorstudium im Bereich Grundlagen der Informatik zu absolvieren, so dass ich mein Wissen weiter vertiefen konnte. Durch die Zusammenarbeit mit der Hochschule konnte ich mein Schülerpraktikum in Klasse 9 an der Hoch-

---

[1] Volker, Claus. 2003
[2] vgl. TINO HEMPEL, http://www.tinohempel.de/info/info/ti/informatik.htm

3

schule absolvieren, so dass ich einen Einblick in die Geoinformatik erhielt. Diese ist ein Teilgebiet der Angewandten Informatik. Bei der Recherche fand ich allerdings heraus, dass die Perspektiven auf dem Stellenmarkt recht gering sind. Das wurde mir von meiner Schwester, die in dieser Branche tätig ist, auch bestätigt. So kam ich zur angewandten Informatik, die mich besonders reizt, da man dort projekt- und anwendungsorientiert arbeiten kann. Generell arbeite ich gerne an Projekten zur Datenverarbeitung, da ich Informationen gerne strukturiere und ich damit auch keine Probleme habe.

Anmerkung: Abkürzungen und Fachbegriffe in dieser Belegarbeit sind **fett** markiert und werden im Glossar ab Seite 10 erklärt.

4. Voraussetzungen

4.1 Formale Voraussetzungen

Um an der TU Chemnitz einen Bachelorstudiengang zu studieren benötigt man, wie allgemein üblich, „die allgemeine Hochschulreife, eine einschlägige fachgebundene Hochschulreife, eine fachbezogene Meisterprüfung oder eine durch Rechtsvorschrift als gleichwertig anerkannte Hochschulzugangsberechtigung"[3]. Es gibt keine Zulassungsbeschränkung.

4.2 Kompetenzen

Um das Studium erfolgreich zu durchlaufen, ist es ratsam verschiedene Fachkenntnisse und Kompetenzen zu besitzen. Die FH Dortmund bspw. empfiehlt im Abitur die Schulfächer Deutsch, Englisch, Informatik und Mathematik belegt zu haben. Man sollte im Umgang mit PC sicher arbeiten können und Kenntnisse in gängigen Office-Programmen haben.

Die in jedem Studium erforderlichen Schlüsselkompetenzen sollten auch hier natürlich vorhanden sein. Im Laufe des Studiums kommt es immer wieder dazu, dass man mit seinen Kommilitonen gemeinsam an einem Projekt arbeitet. Man sollte auf Menschen zugehen können, mit ihnen in einem Team arbeiten können und Konflikte geschickt lösen können. Um den Anforderungen des Studienalltags gerecht zu werden, sollte man motiviert und selbstständig arbeiten und dabei kontinuierlich an einer Wissenserweite-

---

[3] Studienordnung für den Studiengang Angewandte Informatik vom 12. August 2010, §3

4

rung zu arbeiten. Das Studium muss selbst organisiert werden und man sollte seine Zeit gut einteilen können. Insbesondere in Hinblick auf die Bachelorarbeit sollte einem das Verfassen von schriftlichen Arbeiten keine Probleme bereiten und man muss in der Lage sein, vernetzt zu denken und seine Arbeit zu dokumentieren. Für Facharbeiten muss man in verschiedenen Medien recherchieren und eine gewisse Medienkompetenz besitzen.

5.Organisation des Studienablaufs

5.1 Bewerbung

Da der Studiengang nicht zulassungsbeschränkt ist, genügt es, sich einfach an der TU zu bewerben. Dies funktioniert via Online-Formular, wobei Unterlagen postalischen zugesendet werden, gemeinsam mit einem Kurzantrag zur Online-Bewerbung, sowie einem frankiertem Rückumschlag. Dann kann man sich im Internet registrieren und so auch den Status seiner Bewerbung einsehen. Nach Eingang und Bearbeitung der Unterlagen bekommt man per Post den Überweisungsauftrag des ersten Semesterbeitrags zugesendet. Diesen sollte man so schnell wie möglich überweisen. Nach Zahlungseingang wird die Immatrikulation vollzogen und 2 Wochen später bekommt man weitere Unterlagen, sowie den Studierendenausweis zugesendet.

5.2 Finanzierung und Kosten

Aufgrund entsprechender Regelungen im Hochschulgesetz Sachsens fallen keine Studiengebühren an, außer dem Semesterbeitrag. Dieser beträgt an der TU Chemnitz 250,20€. Er beinhaltet Gebühren für das **Studentenwerk**, die Studentenschaft, eine Kaution für den Studienausweis(TUC-Card) und eine der zwei Raten für das Studenten-Jahresticket.

Dazu kommen natürlich noch Lebenshaltungskosten für eine Wohnung, Lebensmittel o.Ä. Für eine Ein-Zimmer-Wohnung in Chemnitz bezahlt man derzeit 160€ Kaltmiete zzgl. ca. 50€ Nebenkosten. Für Lebensmittel veranschlage ich ungefähr 400€ im Monat. Dazu kommen noch einmal 36€ für Handy und Festnetz-Anschluss. Insgesamt ergibt das monatliche Kosten von ca. 740€ (siehe Tabelle)

Kostenpunkt	Betrag
Miete	160€
Nebenkosten	50€
Verbrauchsgüter	400€
unerwartete Ausgaben	50€
Kommunikation	36€
Semesterbeitrag	250,20€:6=41,70€
Summe	737,70€

Um diese monatlichen Kosten zu tragen, gibt es verschiedene Möglichkeiten der Finanzierung. Einerseits natürlich Unterstützung aus dem privatem Raum, also Zahlungen von den Eltern oder Sparbücher (auch eigene). Des Weiteren kann man während des Studiums Nebenjobs annehmen und mit diesen etwas dazuverdienen. Von staatlicher Seite gibt es die Möglichkeit eines Abzweigungsantrags für das Kindergeld und das sog. **BAföG**. Dieser Betrag wird abhängig von der Höhe der anderen Leistungen gezahlt. Natürlich gibt es auch noch die Möglichkeit eines **Stipendiums**. An der TU Chemnitz ist das insbesondere das Deutschlandstipendium, das je zu 50% von der Wirtschaft und vom Bund getragen wird. Das Stipendium zahlt einem monatlich 300€. Bewerben kann sich jeder, der an der TU Chemnitz studiert und noch kein anderes Stipendium erhält.

5.3 Vorbereitung auf den Studienbeginn

Nachdem man erfolgreich immatrikuliert wurde, sollte man beginnen sich auf den baldigen Beginn des Studiums vorzubereiten. Man sollte sich Stadtpläne von Chemnitz besorgen und sich über die Infrastruktur vor Ort informieren, wie bspw. Busfahrpläne einsehen. Unter Umständen sollte man sich auch das Campusgelände ansehen um in den ersten Studienwochen schnell zu wissen, wo man hinmuss. Man sollte die bis jetzt vorhandenen Unterlagen strukturiert ordnen und sie um fehlende Dokumente erweitern.

5.4 TUC-Card

Die TUC-Card ist der Studentenausweis der TU Chemnitz und hat mehrere Funktionen. Zum einen dient er auf dem Campusgelände für Micropayments in der Cafeteria und an den Kopierern, sowie als Zugangskarte für die PC-Pools und die Bibliothek. Auch das Studenten-Jahresticket ist in ihm integriert.

5.5 Studenten-Jahresticket

Das Studenten-Jahresticket gilt im Verkehrsverbund Mittelsachsen (VMS), Verkehrsverbund Vogtland (VVV), Verkehrsverbund Oberlausitz Niederschlesien (ZVON) sowie im Schienenpersonennahverkehr (SPNV) Sachsens. Dort gilt es in Zügen, Bussen, Straßenbahnen, jedoch nicht in Sonderverkehrsmitteln. Es gilt nur im Gebiet des Freistaat Sachsens.

6. Inhalte

6.1 Grundlegende Inhalte

Der Studiengang teilt sich in zwei Teile, die Kerninformatik und die Verbindung dieser mit verschiedenen Anwendungsschwerpunkten. In der Kerninformatik werden Grundlagen in den Bereichen praktische, technische und theoretische Informatik vermittelt.[4] Die Anwendungsschwerpunkte sind an der TU Chemnitz: **Eingebettete Systeme, Medieninformatik, Verteilte Systeme** und Computergraphik/**Virtuelle Realität**.

Unter eingebetteten Systemen versteht man Computersysteme die software- wie hardwaretechnisch in einem unmittelbaren technischen Kontext stehen. Das können zum Beispiel Kassensysteme im Einzelhandel sein oder Benutzeroberflächen an einem Fahrkartenschalter. Aber auch Steuervorrichtungen für einen Industrieroboter oder eine Fertigungsstraße müssen durch eingebettete Systeme organisiert werden. Bei der Entwicklung eingebetteter Systeme ist zu beachten, dass sie flexibel sein müssen, Fehler erkennen und selbst behandeln können, sich selbst schützen können müssen. Besonders wichtig ist, dass sie schnell arbeiten, so dass sie auf den technischen Kontext eingehen können.

Die Medieninformatik ist ein Teilgebiet der Angewandten Informatik in dem die „neuen" Medien betrachtet werden, also solche die in Zusammenhang mit Computersystemen stehen. Sie entwickelt Technologien zur Vermarktung und Erstellung von digitalen Medien und entwickelt Mediendesigns.

---

[4] vgl. Studienordnung für den Studiengang Angewandte Informatik, §5, Abs. 1, Satz 2

6.2 Module

Im Studiengang gibt es insgesamt 189 Module, von denen einige Pflichtmodule sind, andere Wahlpflichtmodule. Jedem Modul ist eine bestimmte Anzahl Leistungspunkte (LP) zugeordnet. Insgesamt muss man am Ende des Studiums 180 LP gesammelt haben.

Die Module gliedern sich in 4 Gruppen, wovon eine die Bachelor-Arbeit ist, die mit 12LP in die Bewertung eingeht. Die anderen sind: Basismodule, Anwendungsschwerpunkte und Schlüsselkompetenzen.

6.2.1 Basismodule

Die 15 Basismodule umfassen in der Summe 116LP und sind alle zwingend zu belegen. In diesen Modulen wird ein allgemeines Verständnis zum Thema Informatik aufgebaut und evtl. vorhandenes Wissen aus der Schule erweitert. Darunter befindet sich auch ein Praktikum mit anschließender Gruppenprojektarbeit in Gruppen mit 3 bis 8 Studenten.

6.2.2 Anwendungsschwerpunkte

Hier wählt man einen der auf Seite 7 genannten Schwerpunkte, der verschiedene Module beinhaltet, bestimmte Module im Umfang von 28LP sind Pflicht. Des Weiteren gibt es frei wählbare Wahlpflichtmodule (insgesamt 16LP).

6.2.3 Schlüsselkompetenzen

Es gibt insgesamt 7 Module zum Thema Schlüsselkompetenzen von denen Module im Umfang von 8LP auszuwählen sind.

6.3 Lehrformen

Die Lehrveranstaltungen in diesem Studiengang sind: die **Vorlesung**, das **Seminar**, die Übung, das Projekt, das **Kolloquium**, das **Tutorium**, das Praktikum und die Exkursion. Alle Veranstaltungen werden in deutscher Sprache abgehalten, soweit nicht anders angegeben.

7. Perspektiven

Nach dem Erreichen des Bachelor of Science in Angewandter Informatik steht einem Start ins Berufsleben nichts mehr im Wege. Man kann jedoch auch noch ein weiterführendes Masterstudium absolvieren.

Vorstellbar wäre eine Beschäftigung in der Telekommunikations- oder Medienindustrie. Hier können neue Strukturen entwickelt werden oder bestehende Systeme überwacht werden.

Ein wichtiger Punkt ist natürlich die Fertigungsindustrie, in der heutzutage fast nichts mehr ohne Computer läuft. Hier gilt es Fertigungsroutinen und Automatisierungsprozesse zu koordinieren, mit Fachleuten zusammen an neuen Methoden zu arbeiten oder Wartungen durchzuführen.

Grundsätzlich sind aber Jobs in der Wirtschaft oder in der Industrie branchenunabhängig in großen Unternehmen möglich. Viele Unternehmen brauchen individuell an sie angepasste Software oder benötigen eine auf unternehmensspezifische Merkmale angepasste IT-Infrastruktur, wie eigene Serverstrukturen, Telefonkonferenzsysteme u. Ä.

Eine weitere Möglichkeit ist es, selbstständig zu arbeiten und als Dienstleister in verschiedenen Unternehmen tätig zu sein. So kann man sich auch durch Weiterbildungen spezialisieren und so seine Position im Wettbewerb verbessern.

Als Berater kann man beispielsweise in Versicherungen oder als IT-Unternehmensberater arbeiten und so sein Fachwissen anderen vermitteln.

8. Zusammenfassung

Die Informatik erhielt in den letzten Jahren Einzug in immer mehr Lebensbereiche und ihre Bedeutung wächst enorm.

Um das Studium zu finanzieren, gibt es verschiedene Möglichkeiten unterstützt zu werden.

Wenn man aus privater Hand kein Geld erhält gibt es die Möglichkeit sich um ein Stipendium zu bewerben oder BAföG zu beziehen.

Die Angewandte Informatik stellt konkrete Bezüge zu anderen Wissenschaftsbereichen oder dem täglichen Leben her.

Während des Studiums kann man zwischen 4 Schwerpunkten wählen: Eingebettete Systeme, Medieninformatik, Verteilte Systeme und Computergraphik/Virtuelle Realität.

Nach dem Studium kann man in verschiedenen Wirtschafts- und Industriezweigen arbeiten, aber auch selbstständig tätig sein.

9. Glossar

BAföG: Bundesausbildungsförderungsgesetz – Regelung zur Unterstützung von Studenten und Schülern, ursprünglich stand die Abkürzung für das entsprechende Gesetz, mittlerweile wird sie jedoch meist für den Geldbetrag der Förderung verwendet

CAx: Computer Aided x – Sammelbegriff für verschiedene industrielle Technologien die durch die Hilfe von Computern zustande kommen

Eingebettete Systeme – Einheit von Hardware und Software, die in einem unmittelbaren technischen Kontext steht

Industrie 4.0 – Vierte industrielle Revolution, in der das Internet und die Unterstützung durch Computer eine große Rolle spielt.

Kolloquium – Gespräch in dem Gedanken zu einem wissenschaftlichen Thema ohne festen Rahmen

Medieninformatik – ein Teilgebiet der Angewandten Informatik in dem die „neuen" Medien betrachtet werden

Schlüsselkompetenzen – Fähigkeiten, die zum Erlernen neuen Wissens notwendig sind

Seminar – akademische Veranstaltung, die sich durch große Interaktivität auszeichnet

Stipendium – finanzielle Unterstützung eines sich Weiterbildenden

Studentenwerk – Vereine zur Unterstützung gesellschaftlicher und alltäglicher Belange von Studenten

Tutorium – akademische Veranstaltung in der Erstsemester durch ältere Semester Unterstützung erhalten

Verteilte Systeme – Vereinigung einzelner Computer, die sich dem Anwender als ein Element darstellen

Virtuelle Realität – Darstellung und Wahrnehmung einer computergenerierten Umgebung

Vorlesung – akademische Veranstaltung, bei der der Dozent neues Wissen in Form von Frontalunterricht vermittelt

10. Quellenverzeichnis

BAKHAT, SIDI *et al.* (2010): Eingebettete Systeme – Ein strategisches Wachstumsfeld für Deutschland. ohne Aufl. BITKOM Bundesverband Informationswirtschaft, Telekommunikation und neue Medien e. V.

BRUNS, KAI; MEYER-WEGENER, KLAUS(2005): Taschenbuch der Medieninformatik. ohne Aufl. Carl Hanser Verlag.

CLAUS, VOLKER; SCHWILL, ANDREAS(2003): Duden Informatik. ohne Aufl. Bibliographisches Institut.

Fachhochschule Dortmund, Fachbereich Informatik: http://www.fh-dortmund.de/de/studi/Berat/AllgStudberat/profile/inf_uni.php, Zugriff 25.12.2015

FISCHER, HEIDRUN: Das Stipendienprogramm der TU Chemnitz. https://www.tu-chemnitz.de/tu/deutschlandstipendium/, Zugriff: 09.01.2016

HEMPEL, TINO: Informatik und deren Teilgebiete. http://www.tinohempel.de/info/info/ti/informatik.htm, Zugriff: 22.12.2015

MARWENDEL, PETER(2007): Eingebettete Systeme. ohne Aufl. Springer-Verlag. Seite 158ff.

MAßMANN, ANDRÉ *et al.*: Hilfe bei der Studienfinanzierung. http://www.bafoeg-aktuell.de/, Zugriff: 10.01.2016

Studienordnung für den Studiengang Angewandte Informatik mit dem Abschluss Bachelor of Science (B.Sc.) an der Technischen Universität Chemnitz vom 12. August 2010

Technische Universität Chemnitz, Studentenrat: Informationen zum Student_innen-Jahresticket. https://www.tu-chemnitz.de/stura/de/informationen-zum-studentinnen-jahresticket, Zugriff: 10.01.2016

Technische Universität Chemnitz, Studentenservice: https://www.tu-chemnitz.de/studentenservice/stusek/ablauf_allgemein.php, Zugriff: 10.01.2016